J'utilise Des Mots Gentils

Je Ne Tape Pas!

Mon Incroyable Série Comportementale Pour Les Tout-Petits

Un Livre De Petites Affirmations Pour
Tout-Petits Sur Ne Pas Frapper
(Âges 2-4)

Par
Suzanne T. Christian

TWORAVENS
BOOKS

Édition Broché : 9781964202440
Édition Reliée : 9781964202457
Édition Numérique : 9781964202464

Publié aux États-Unis par Two Ravens Books LLC,
254 Chapman Rd, Ste 209, Newark DE 19702

« Élargir l'esprit, libérer l'imagination, un titre à la fois. »
www.tworavensbooks.com

Bienvenue dans

« J'utilise Des Mots Gentils, Je Ne Tape Pas ! »

Ce livre est une mine de petites affirmations simples et amusantes, pensées spécialement pour vos enfants. En lisant ces pages ensemble, votre enfant découvrira le plaisir de s'exprimer avec des mots plutôt qu'avec des gestes comme taper.

Chaque page propose des illustrations colorées et des affirmations positives, encourageant la gentillesse, la compréhension et le respect. Préparez-vous à un voyage vers la croissance émotionnelle, l'amour et de belles découvertes avec votre tout-petit !

Suzanne T. Christian

Quand je veux un jouet,
je demande.
Je ne tape pas !

J'utilise mes mots, pas mes mains,
quand je suis fâché.

Mes mains sont faites pour dire bonjour, pas pour taper.

Mes mains sont faites pour des chatouiller, pas pour taper.

Je me fais des amis, je ne tape pas les autres.

Quand je suis en colère,
je respire doucement.
Je ne tape pas.

Je suis fort, mais j'utilise ma force pour aider, pas pour taper.

Mes doigts sont pour faire des checks à mes amis, pas du mal.

J'aime partager des sourires, pas des bobos.

J'utilise mes mains pour construire
de grandes tours, pas pour taper.

Je répands l'amour avec des câlins, pas avec des coups.

Mes mains sont faites pour peindre, pas pour pousser les autres.

Quand je veux qu'on m'écoute, je chante. Je ne tape pas !

Mes mains sont biens pour applaudir, pas pour taper.

Je joue gentiment avec mes amis.
On n'a pas besoin de se taper.

Mes mains sont là pour aider,
pas pour taper.

C'est normal d'être en colère. Mais ce n'est pas bien de taper.

Quand je suis fâché, je compte jusqu'à trois. Je ne tape pas.

J'adore offrir
des cadeaux,
pas des coups.

Mes mains sont
pour faire des gros
calins à mon doudou,
pas pour taper.

Je tiens la main de mes amis.
Je ne leur fais pas de mal.

Quand je veux m'exprimer,
je dessine. Je ne tape pas !

Mes mains font des tours de magie.
Je ne tape pas !

Je partage mes jouets,
pas ma colère.

J'utilise des mots gentils.

Je Ne Tape Pas !

Fin !

Mon Incroyable Série Comportementale Pour
Les Tout-Petits

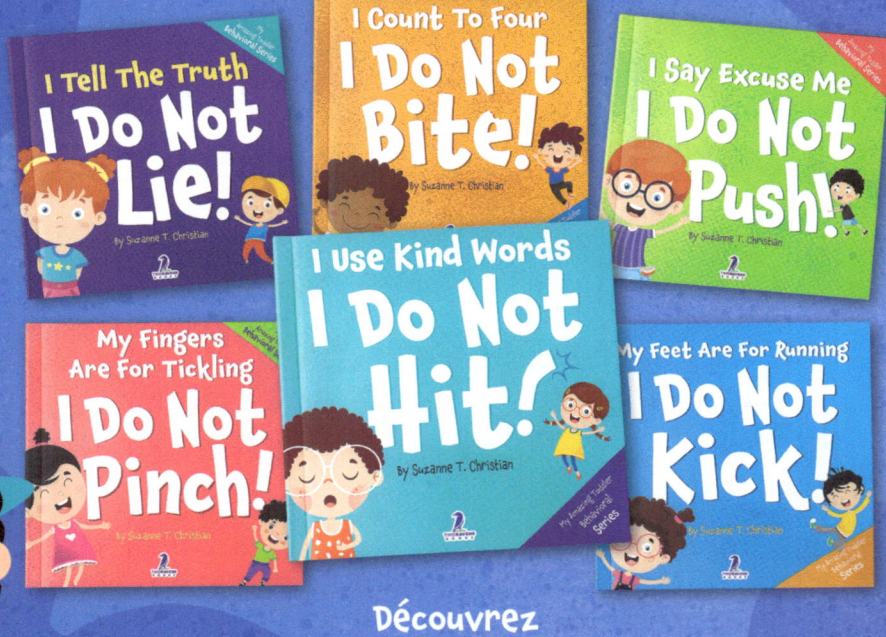

Découvrez
la série adorée de Suzanne T. Christian
« Mon Incroyable Série Comportementale Pour
Les Tout-Petits »
Les jeunes lecteurs vont l'adorer !

Cher Petit Lecteur Merveilleux,

Merci d'avoir exploré **« J'utilise Des Mots Gentils, Je Ne Tape Pas ! »**. avec moi. Si ce livre t'a touché ou a apporté de la joie à un petit lecteur, n'hésite pas à laisser un petit mot ou un avis. Tes paroles m'inspirent pour mes futurs livres et aident d'autres familles à découvrir la magie de ces pages.

Si tu as des idées pour rendre ce livre encore plus spécial, écris-moi à **suzanne.christian@tworavensbooks.com.** Ton avis compte beaucoup pour moi !

Avec toute ma gratitude,